This Book Belongs To:

_____

_____

_____

Table of Contents

Page #	Recipe Name

Page #	Recipe Name

Page #	Recipe Name

Page #	Recipe Name

Page #	Recipe Name

Page #	Recipe Name

Recipe Name_____

Servings:_____ Prep Time:_____ Cook Time:_____

Ingredients: Directions:

_____   _____

_____   _____

_____   _____

_____   _____

_____   _____

_____   _____

_____   _____

_____   _____

_____   _____

_____   _____

_____   _____

_____   _____

_____   _____

_____   _____

_____   _____

_____   _____

_____   _____

_____   _____

_____   _____

_____   _____

_____   _____

Cannabis Strain: _____ Amount:_____

Notes:_____

1   _____

      _____

Recipe Name_____

Servings:_____ Prep Time:_____ Cook Time:_____

Ingredients: Directions:

_____   _____
_____   _____
_____   _____
_____   _____
_____   _____
_____   _____
_____   _____
_____   _____
_____   _____
_____   _____
_____   _____
_____   _____
_____   _____
_____   _____
_____   _____
_____   _____
_____   _____
_____   _____
_____   _____
_____   _____
_____   _____
_____   _____
_____   _____
_____   _____

Cannabis Strain: _____ Amount:_____

Notes:_____
_____
_____

2

Recipe Name_____

Servings:_____ Prep Time:_____ Cook Time:_____

Ingredients:

Directions:

_____   _____
_____   _____
_____   _____
_____   _____
_____   _____
_____   _____
_____   _____
_____   _____
_____   _____
_____   _____
_____   _____
_____   _____
_____   _____
_____   _____
_____   _____
_____   _____
_____   _____
_____   _____
_____   _____
_____   _____

Cannabis Strain: _____ Amount:_____

Notes:_____

3 _____
_____

Recipe Name_____

Servings:_____ Prep Time:_____ Cook Time:_____

Ingredients: Directions:

_____   _____
_____   _____
_____   _____
_____   _____
_____   _____
_____   _____
_____   _____
_____   _____
_____   _____
_____   _____
_____   _____
_____   _____
_____   _____
_____   _____
_____   _____
_____   _____
_____   _____
_____   _____
_____   _____
_____   _____
_____   _____
_____   _____
_____   _____

Cannabis Strain: _____ Amount:_____

Notes:_____
_____
_____

4

Recipe Name_____

Servings:_____ Prep Time:_____ Cook Time:_____

Ingredients: Directions:

_____   _____
_____   _____
_____   _____
_____   _____
_____   _____
_____   _____
_____   _____
_____   _____
_____   _____
_____   _____
_____   _____
_____   _____
_____   _____
_____   _____
_____   _____
_____   _____
_____   _____
_____   _____
_____   _____
_____   _____

Cannabis Strain: _____ Amount:_____

Notes:_____

5

Recipe Name_____

Servings:_____ Prep Time:_____ Cook Time:_____

Ingredients: Directions:

_____   _____
_____   _____
_____   _____
_____   _____
_____   _____
_____   _____
_____   _____
_____   _____
_____   _____
_____   _____
_____   _____
_____   _____
_____   _____
_____   _____
_____   _____
_____   _____
_____   _____
_____   _____
_____   _____
_____   _____
_____   _____
_____   _____
_____   _____
_____   _____

Cannabis Strain: _____ Amount:_____

Notes:_____
_____
_____

6

Recipe Name_____

Servings:_____ Prep Time:_____ Cook Time:_____

Ingredients: Directions:

_____   _____
_____   _____
_____   _____
_____   _____
_____   _____
_____   _____
_____   _____
_____   _____
_____   _____
_____   _____
_____   _____
_____   _____
_____   _____
_____   _____
_____   _____
_____   _____
_____   _____
_____   _____
_____   _____
_____   _____
_____   _____

Cannabis Strain: _____ Amount:_____

Notes:_____

7   _____

Recipe Name_____

Servings:_____ Prep Time:_____ Cook Time:_____

Ingredients: Directions:

_____   _____
_____   _____
_____   _____
_____   _____
_____   _____
_____   _____
_____   _____
_____   _____
_____   _____
_____   _____
_____   _____
_____   _____
_____   _____
_____   _____
_____   _____
_____   _____
_____   _____
_____   _____
_____   _____
_____   _____
_____   _____
_____   _____
_____   _____
_____   _____

Cannabis Strain: _____ Amount:_____

Notes:_____
_____
_____

Recipe Name_____

Servings:_____ Prep Time:_____ Cook Time:_____

Ingredients: Directions:

_____   _____
_____   _____
_____   _____
_____   _____
_____   _____
_____   _____
_____   _____
_____   _____
_____   _____
_____   _____
_____   _____
_____   _____
_____   _____
_____   _____
_____   _____
_____   _____
_____   _____
_____   _____
_____   _____
_____   _____
_____   _____

Cannabis Strain: _____ Amount:_____

Notes:_____

9

Recipe Name_____

Servings:_____ Prep Time:_____ Cook Time:_____

Ingredients: Directions:

_____   _____
_____   _____
_____   _____
_____   _____
_____   _____
_____   _____
_____   _____
_____   _____
_____   _____
_____   _____
_____   _____
_____   _____
_____   _____
_____   _____
_____   _____
_____   _____
_____   _____
_____   _____
_____   _____
_____   _____
_____   _____
_____   _____
_____   _____
_____   _____

Cannabis Strain: _____ Amount:_____

Notes:_____
_____
_____

Recipe Name_____

Servings:_____ Prep Time:_____ Cook Time:_____

Ingredients: Directions:

_____   _____
_____   _____
_____   _____
_____   _____
_____   _____
_____   _____
_____   _____
_____   _____
_____   _____
_____   _____
_____   _____
_____   _____
_____   _____
_____   _____
_____   _____
_____   _____
_____   _____
_____   _____
_____   _____
_____   _____
_____   _____

Cannabis Strain: _____ Amount:_____

Notes:_____

_____
_____

Recipe Name_____

Servings:_____ Prep Time:_____ Cook Time:_____

Ingredients: Directions:

_____   _____
_____   _____
_____   _____
_____   _____
_____   _____
_____   _____
_____   _____
_____   _____
_____   _____
_____   _____
_____   _____
_____   _____
_____   _____
_____   _____
_____   _____
_____   _____
_____   _____
_____   _____
_____   _____
_____   _____
_____   _____
_____   _____
_____   _____
_____   _____

Cannabis Strain: _____ Amount:_____

Notes:_____
_____
_____

12

Recipe Name_____

Servings:_____ Prep Time:_____ Cook Time:_____

Ingredients: Directions:

_____   _____
_____   _____
_____   _____
_____   _____
_____   _____
_____   _____
_____   _____
_____   _____
_____   _____
_____   _____
_____   _____
_____   _____
_____   _____
_____   _____
_____   _____
_____   _____
_____   _____
_____   _____
_____   _____
_____   _____
_____   _____

Cannabis Strain: _____ Amount:_____

Notes:_____

Recipe Name_____

Servings:_____ Prep Time:_____ Cook Time:_____

Ingredients: Directions:

_____   _____
_____   _____
_____   _____
_____   _____
_____   _____
_____   _____
_____   _____
_____   _____
_____   _____
_____   _____
_____   _____
_____   _____
_____   _____
_____   _____
_____   _____
_____   _____
_____   _____
_____   _____
_____   _____
_____   _____
_____   _____
_____   _____
_____   _____
_____   _____
_____   _____

Cannabis Strain: _____ Amount:_____

Notes:_____
_____
_____

14

Recipe Name_____

Servings:_____ Prep Time:_____ Cook Time:_____

Ingredients: Directions:

_____   _____
_____   _____
_____   _____
_____   _____
_____   _____
_____   _____
_____   _____
_____   _____
_____   _____
_____   _____
_____   _____
_____   _____
_____   _____
_____   _____
_____   _____
_____   _____
_____   _____
_____   _____
_____   _____
_____   _____
_____   _____
_____   _____

Cannabis Strain: _____ Amount:_____

Notes:_____

Recipe Name_____

Servings:_____ Prep Time:_____ Cook Time:_____

Ingredients: Directions:

_____   _____
_____   _____
_____   _____
_____   _____
_____   _____
_____   _____
_____   _____
_____   _____
_____   _____
_____   _____
_____   _____
_____   _____
_____   _____
_____   _____
_____   _____
_____   _____
_____   _____
_____   _____
_____   _____
_____   _____
_____   _____
_____   _____
_____   _____
_____   _____

Cannabis Strain: _____ Amount:_____

Notes:_____
_____
_____

Recipe Name_____

Servings:_____ Prep Time:_____ Cook Time:_____

Ingredients: Directions:

_____   _____
_____   _____
_____   _____
_____   _____
_____   _____
_____   _____
_____   _____
_____   _____
_____   _____
_____   _____
_____   _____
_____   _____
_____   _____
_____   _____
_____   _____
_____   _____
_____   _____
_____   _____
_____   _____
_____   _____
_____   _____
_____   _____

Cannabis Strain: _____ Amount:_____

Notes:_____

17   _____
     _____

Recipe Name_____

Servings:_____ Prep Time:_____ Cook Time:_____

Ingredients: Directions:

_____   _____
_____   _____
_____   _____
_____   _____
_____   _____
_____   _____
_____   _____
_____   _____
_____   _____
_____   _____
_____   _____
_____   _____
_____   _____
_____   _____
_____   _____
_____   _____
_____   _____
_____   _____
_____   _____
_____   _____
_____   _____
_____   _____
_____   _____

Cannabis Strain: _____ Amount:_____

Notes:_____
_____
_____

Recipe Name_____

Servings:_____ Prep Time:_____ Cook Time:_____

Ingredients:

_____

_____

_____

Directions:

Cannabis Strain: _____ Amount:_____

Notes:_____

19

Recipe Name_____

Servings:_____ Prep Time:_____ Cook Time:_____

Ingredients: Directions:

_____   _____
_____   _____
_____   _____
_____   _____
_____   _____
_____   _____
_____   _____
_____   _____
_____   _____
_____   _____
_____   _____
_____   _____
_____   _____
_____   _____
_____   _____
_____   _____
_____   _____
_____   _____
_____   _____
_____   _____
_____   _____
_____   _____
_____   _____
_____   _____

Cannabis Strain: _____ Amount:_____

Notes:_____
_____
_____

20

Recipe Name_____

Servings:_____ Prep Time:_____ Cook Time:_____

Ingredients: Directions:

_____   _____
_____   _____
_____   _____
_____   _____
_____   _____
_____   _____
_____   _____
_____   _____
_____   _____
_____   _____
_____   _____
_____   _____
_____   _____
_____   _____
_____   _____
_____   _____
_____   _____
_____   _____
_____   _____
_____   _____

Cannabis Strain: _____ Amount:_____

Notes:_____

Recipe Name_____

Servings:_____ Prep Time:_____ Cook Time:_____

Ingredients: Directions:

_____   _____
_____   _____
_____   _____
_____   _____
_____   _____
_____   _____
_____   _____
_____   _____
_____   _____
_____   _____
_____   _____
_____   _____
_____   _____
_____   _____
_____   _____
_____   _____
_____   _____
_____   _____
_____   _____
_____   _____
_____   _____
_____   _____
_____   _____

Cannabis Strain: _____ Amount:_____

Notes:_____
_____
_____

Recipe Name_____

Servings:_____ Prep Time:_____ Cook Time:_____

Ingredients: Directions:

_____   _____
_____   _____
_____   _____
_____   _____
_____   _____
_____   _____
_____   _____
_____   _____
_____   _____
_____   _____
_____   _____
_____   _____
_____   _____
_____   _____
_____   _____
_____   _____
_____   _____
_____   _____
_____   _____

Cannabis Strain: _____ Amount:_____

Notes:_____

23 _____
    _____

Recipe Name_____

Servings:_____ Prep Time:_____ Cook Time:_____

Ingredients:

_____
_____
_____
_____
_____
_____
_____
_____
_____
_____
_____
_____
_____
_____
_____
_____
_____
_____
_____
_____
_____
_____
_____

Directions:

_____
_____
_____
_____
_____
_____
_____
_____
_____
_____
_____
_____
_____
_____
_____
_____
_____
_____
_____
_____
_____
_____
_____

Cannabis Strain: _____ Amount:_____

Notes:_____
_____
_____

24

Recipe Name_____

Servings:_____ Prep Time:_____ Cook Time:_____

Ingredients: Directions:

_____   _____
_____   _____
_____   _____
_____   _____
_____   _____
_____   _____
_____   _____
_____   _____
_____   _____
_____   _____
_____   _____
_____   _____
_____   _____
_____   _____
_____   _____
_____   _____
_____   _____
_____   _____
_____   _____
_____   _____
_____   _____

Cannabis Strain: _____ Amount:_____

Notes:_____

25   _____
     _____

Recipe Name_____

Servings:_____ Prep Time:_____ Cook Time:_____

Ingredients: Directions:

_____   _____
_____   _____
_____   _____
_____   _____
_____   _____
_____   _____
_____   _____
_____   _____
_____   _____
_____   _____
_____   _____
_____   _____
_____   _____
_____   _____
_____   _____
_____   _____
_____   _____
_____   _____
_____   _____
_____   _____
_____   _____
_____   _____
_____   _____
_____   _____
_____   _____

Cannabis Strain: _____ Amount:_____

Notes:_____
_____
_____

Recipe Name_____

Servings:_____ Prep Time:_____ Cook Time:_____

Ingredients:

_____
_____
_____
_____
_____
_____
_____
_____
_____
_____
_____
_____
_____
_____
_____
_____
_____
_____
_____
_____
_____
_____

Directions:

_____
_____
_____
_____
_____
_____
_____
_____
_____
_____
_____
_____
_____
_____
_____
_____
_____
_____
_____
_____
_____
_____

Cannabis Strain: _____ Amount:_____

Notes:_____

Recipe Name_____

Servings:_____ Prep Time:_____ Cook Time:_____

Ingredients: Directions:

_____   _____
_____   _____
_____   _____
_____   _____
_____   _____
_____   _____
_____   _____
_____   _____
_____   _____
_____   _____
_____   _____
_____   _____
_____   _____
_____   _____
_____   _____
_____   _____
_____   _____
_____   _____
_____   _____
_____   _____
_____   _____
_____   _____

Cannabis Strain: _____ Amount:_____

Notes:_____
_____
_____

Recipe Name_____

Servings:_____ Prep Time:_____ Cook Time:_____

Ingredients: Directions:

_____   _____
_____   _____
_____   _____
_____   _____
_____   _____
_____   _____
_____   _____
_____   _____
_____   _____
_____   _____
_____   _____
_____   _____
_____   _____
_____   _____
_____   _____
_____   _____
_____   _____
_____   _____
_____   _____
_____   _____
_____   _____
_____   _____
_____   _____

Cannabis Strain: _____ Amount:_____

Notes:_____

Recipe Name_____

Servings:_____ Prep Time:_____ Cook Time:_____

Ingredients: Directions:

_____   _____
_____   _____
_____   _____
_____   _____
_____   _____
_____   _____
_____   _____
_____   _____
_____   _____
_____   _____
_____   _____
_____   _____
_____   _____
_____   _____
_____   _____
_____   _____
_____   _____
_____   _____
_____   _____
_____   _____
_____   _____
_____   _____
_____   _____
_____   _____

Cannabis Strain: _____ Amount:_____

Notes:_____
_____
_____

30

Recipe Name_____

Servings:_____ Prep Time:_____ Cook Time:_____

Ingredients: Directions:

_____   _____
_____   _____
_____   _____
_____   _____
_____   _____
_____   _____
_____   _____
_____   _____
_____   _____
_____   _____
_____   _____
_____   _____
_____   _____
_____   _____
_____   _____
_____   _____
_____   _____
_____   _____
_____   _____
_____   _____
_____   _____

Cannabis Strain: _____ Amount:_____

Notes:_____
_____

_____

Recipe Name_____

Servings:_____ Prep Time:_____ Cook Time:_____

Ingredients:

_____
_____
_____
_____
_____
_____
_____
_____
_____
_____
_____
_____
_____
_____
_____
_____
_____
_____
_____
_____
_____
_____

Directions:

_____
_____
_____
_____
_____
_____
_____
_____
_____
_____
_____
_____
_____
_____
_____
_____
_____
_____
_____
_____
_____
_____

Cannabis Strain: _____ Amount:_____

Notes:_____
_____
_____

Recipe Name_____

Servings:_____ Prep Time:_____ Cook Time:_____

Ingredients: Directions:

_____   _____
_____   _____
_____   _____
_____   _____
_____   _____
_____   _____
_____   _____
_____   _____
_____   _____
_____   _____
_____   _____
_____   _____
_____   _____
_____   _____
_____   _____
_____   _____
_____   _____
_____   _____
_____   _____
_____   _____
_____   _____
_____   _____

Cannabis Strain: _____ Amount:_____

Notes:_____

Recipe Name_____

Servings:_____ Prep Time:_____ Cook Time:_____

Ingredients: Directions:

_____   _____
_____   _____
_____   _____
_____   _____
_____   _____
_____   _____
_____   _____
_____   _____
_____   _____
_____   _____
_____   _____
_____   _____
_____   _____
_____   _____
_____   _____
_____   _____
_____   _____
_____   _____
_____   _____
_____   _____
_____   _____
_____   _____
_____   _____
_____   _____

Cannabis Strain: _____ Amount:_____

Notes:_____
_____
_____

34

Recipe Name_____

Servings:_____ Prep Time:_____ Cook Time:_____

Ingredients:

_____
_____
_____
_____
_____
_____
_____
_____
_____
_____
_____
_____
_____
_____
_____
_____
_____
_____
_____
_____

Directions:

_____
_____
_____
_____
_____
_____
_____
_____
_____
_____
_____
_____
_____
_____
_____
_____
_____
_____
_____
_____

Cannabis Strain: _____ Amount:_____

Notes:_____

Recipe Name_____

Servings:_____ Prep Time:_____ Cook Time:_____

Ingredients: Directions:

_____   _____
_____   _____
_____   _____
_____   _____
_____   _____
_____   _____
_____   _____
_____   _____
_____   _____
_____   _____
_____   _____
_____   _____
_____   _____
_____   _____
_____   _____
_____   _____
_____   _____
_____   _____
_____   _____
_____   _____
_____   _____
_____   _____

Cannabis Strain: _____ Amount:_____

Notes:_____
_____
_____

36

Recipe Name_____

Servings:_____ Prep Time:_____ Cook Time:_____

Ingredients: Directions:

_____   _____
_____   _____
_____   _____
_____   _____
_____   _____
_____   _____
_____   _____
_____   _____
_____   _____
_____   _____
_____   _____
_____   _____
_____   _____
_____   _____
_____   _____
_____   _____
_____   _____
_____   _____
_____   _____
_____   _____
_____   _____
_____   _____

Cannabis Strain: _____ Amount:_____

Notes:_____

_____

Recipe Name_____

Servings:_____ Prep Time:_____ Cook Time:_____

Ingredients: Directions:

_____   _____
_____   _____
_____   _____
_____   _____
_____   _____
_____   _____
_____   _____
_____   _____
_____   _____
_____   _____
_____   _____
_____   _____
_____   _____
_____   _____
_____   _____
_____   _____
_____   _____
_____   _____
_____   _____
_____   _____
_____   _____
_____   _____
_____   _____
_____   _____

Cannabis Strain: _____ Amount:_____

Notes:_____
_____
_____

Recipe Name_____

Servings:_____ Prep Time:_____ Cook Time:_____

Ingredients: Directions:

_____   _____
_____   _____
_____   _____
_____   _____
_____   _____
_____   _____
_____   _____
_____   _____
_____   _____
_____   _____
_____   _____
_____   _____
_____   _____
_____   _____
_____   _____
_____   _____
_____   _____
_____   _____
_____   _____
_____   _____
_____   _____

Cannabis Strain: _____ Amount:_____

Notes:_____

Recipe Name_____

Servings:_____ Prep Time:_____ Cook Time:_____

Ingredients: Directions:

_____   _____
_____   _____
_____   _____
_____   _____
_____   _____
_____   _____
_____   _____
_____   _____
_____   _____
_____   _____
_____   _____
_____   _____
_____   _____
_____   _____
_____   _____
_____   _____
_____   _____
_____   _____
_____   _____
_____   _____
_____   _____
_____   _____
_____   _____
_____   _____
_____   _____

Cannabis Strain: _____ Amount:_____

Notes:_____
_____
_____

40

Recipe Name_____

Servings:_____ Prep Time:_____ Cook Time:_____

Ingredients: Directions:

_____   _____
_____   _____
_____   _____
_____   _____
_____   _____
_____   _____
_____   _____
_____   _____
_____   _____
_____   _____
_____   _____
_____   _____
_____   _____
_____   _____
_____   _____
_____   _____
_____   _____
_____   _____
_____   _____
_____   _____
_____   _____

Cannabis Strain: _____ Amount:_____

Notes:_____

_____
_____

Recipe Name_____

Servings:_____ Prep Time:_____ Cook Time:_____

Ingredients:

_____

_____

_____

_____

_____

_____

_____

_____

_____

_____

_____

_____

_____

_____

_____

_____

_____

_____

_____

_____

_____

_____

_____

_____

Directions:

_____

_____

_____

_____

_____

_____

_____

_____

_____

_____

_____

_____

_____

_____

_____

_____

_____

_____

_____

_____

_____

_____

_____

_____

Cannabis Strain: _____ Amount:_____

Notes:_____

_____

_____

Recipe Name_____

Servings:_____ Prep Time:_____ Cook Time:_____

Ingredients: Directions:

_____   _____
_____   _____
_____   _____
_____   _____
_____   _____
_____   _____
_____   _____
_____   _____
_____   _____
_____   _____
_____   _____
_____   _____
_____   _____
_____   _____
_____   _____
_____   _____
_____   _____
_____   _____
_____   _____
_____   _____
_____   _____

Cannabis Strain: _____ Amount:_____

Notes:_____
_____

43

Recipe Name_____

Servings:_____ Prep Time:_____ Cook Time:_____

Ingredients:

_____
_____
_____
_____
_____
_____
_____
_____
_____
_____
_____
_____
_____
_____
_____
_____
_____
_____
_____
_____
_____
_____
_____

Directions:

_____
_____
_____
_____
_____
_____
_____
_____
_____
_____
_____
_____
_____
_____
_____
_____
_____
_____
_____
_____
_____
_____
_____

Cannabis Strain: _____ Amount:_____

Notes:_____
_____
_____

44

Recipe Name_____

Servings:_____ Prep Time:_____ Cook Time:_____

Ingredients:

Directions:

_____   _____
_____   _____
_____   _____
_____   _____
_____   _____
_____   _____
_____   _____
_____   _____
_____   _____
_____   _____
_____   _____
_____   _____
_____   _____
_____   _____
_____   _____
_____   _____
_____   _____
_____   _____
_____   _____
_____   _____

Cannabis Strain: _____ Amount:_____

Notes:_____
_____

Recipe Name_____

Servings:_____ Prep Time:_____ Cook Time:_____

Ingredients: Directions:

_____   _____
_____   _____
_____   _____
_____   _____
_____   _____
_____   _____
_____   _____
_____   _____
_____   _____
_____   _____
_____   _____
_____   _____
_____   _____
_____   _____
_____   _____
_____   _____
_____   _____
_____   _____
_____   _____
_____   _____
_____   _____
_____   _____
_____   _____
_____   _____

Cannabis Strain: _____ Amount:_____

Notes:_____
_____
_____

46

Recipe Name_____

Servings:_____ Prep Time:_____ Cook Time:_____

Ingredients: Directions:

_____   _____
_____   _____
_____   _____
_____   _____
_____   _____
_____   _____
_____   _____
_____   _____
_____   _____
_____   _____
_____   _____
_____   _____
_____   _____
_____   _____
_____   _____
_____   _____
_____   _____
_____   _____
_____   _____
_____   _____
_____   _____

Cannabis Strain: _____ Amount:_____

Notes:_____

47

Recipe Name_____

Servings:_____ Prep Time:_____ Cook Time:_____

Ingredients: Directions:

_____   _____
_____   _____
_____   _____
_____   _____
_____   _____
_____   _____
_____   _____
_____   _____
_____   _____
_____   _____
_____   _____
_____   _____
_____   _____
_____   _____
_____   _____
_____   _____
_____   _____
_____   _____
_____   _____
_____   _____
_____   _____
_____   _____

Cannabis Strain: _____ Amount:_____

Notes:_____
_____
_____

48

Recipe Name_____

Servings:_____ Prep Time:_____ Cook Time:_____

Ingredients: Directions:

_____   _____
_____   _____
_____   _____
_____   _____
_____   _____
_____   _____
_____   _____
_____   _____
_____   _____
_____   _____
_____   _____
_____   _____
_____   _____
_____   _____
_____   _____
_____   _____
_____   _____
_____   _____
_____   _____
_____   _____
_____   _____
_____   _____
_____   _____
_____   _____

Cannabis Strain: _____ Amount:_____

Notes:_____

Recipe Name_____

Servings:_____ Prep Time:_____ Cook Time:_____

Ingredients: Directions:

_____   _____
_____   _____
_____   _____
_____   _____
_____   _____
_____   _____
_____   _____
_____   _____
_____   _____
_____   _____
_____   _____
_____   _____
_____   _____
_____   _____
_____   _____
_____   _____
_____   _____
_____   _____
_____   _____
_____   _____
_____   _____
_____   _____
_____   _____
_____   _____

Cannabis Strain: _____ Amount:_____

Notes:_____
_____
_____

Recipe Name_____

Servings:_____ Prep Time:_____ Cook Time:_____

Ingredients: Directions:

_____   _____
_____   _____
_____   _____
_____   _____
_____   _____
_____   _____
_____   _____
_____   _____
_____   _____
_____   _____
_____   _____
_____   _____
_____   _____
_____   _____
_____   _____
_____   _____
_____   _____
_____   _____
_____   _____
_____   _____
_____   _____
_____   _____
_____   _____

Cannabis Strain: _____ Amount:_____

Notes:_____

51 _____

Recipe Name_____

Servings:_____ Prep Time:_____ Cook Time:_____

Ingredients: Directions:

_____   _____
_____   _____
_____   _____
_____   _____
_____   _____
_____   _____
_____   _____
_____   _____
_____   _____
_____   _____
_____   _____
_____   _____
_____   _____
_____   _____
_____   _____
_____   _____
_____   _____
_____   _____
_____   _____
_____   _____
_____   _____
_____   _____
_____   _____
_____   _____

Cannabis Strain: _____ Amount:_____

Notes:_____
_____
_____

52

Recipe Name_____

Servings:_____ Prep Time:_____ Cook Time:_____

Ingredients: Directions:

_____   _____
_____   _____
_____   _____
_____   _____
_____   _____
_____   _____
_____   _____
_____   _____
_____   _____
_____   _____
_____   _____
_____   _____
_____   _____
_____   _____
_____   _____
_____   _____
_____   _____
_____   _____
_____   _____
_____   _____
_____   _____

Cannabis Strain: _____ Amount:_____

Notes:_____

53 _____

Recipe Name_____

Servings:_____ Prep Time:_____ Cook Time:_____

Ingredients: Directions:

_____   _____
_____   _____
_____   _____
_____   _____
_____   _____
_____   _____
_____   _____
_____   _____
_____   _____
_____   _____
_____   _____
_____   _____
_____   _____
_____   _____
_____   _____
_____   _____
_____   _____
_____   _____
_____   _____
_____   _____
_____   _____
_____   _____
_____   _____
_____   _____

Cannabis Strain: _____ Amount:_____

Notes:_____
_____
_____

54

Recipe Name_____

Servings:_____ Prep Time:_____ Cook Time:_____

Ingredients: Directions:

_____   _____
_____   _____
_____   _____
_____   _____
_____   _____
_____   _____
_____   _____
_____   _____
_____   _____
_____   _____
_____   _____
_____   _____
_____   _____
_____   _____
_____   _____
_____   _____
_____   _____
_____   _____
_____   _____
_____   _____

Cannabis Strain: _____ Amount:_____

Notes:_____

Recipe Name_____

Servings:_____ Prep Time:_____ Cook Time:_____

Ingredients: Directions:

_____   _____
_____   _____
_____   _____
_____   _____
_____   _____
_____   _____
_____   _____
_____   _____
_____   _____
_____   _____
_____   _____
_____   _____
_____   _____
_____   _____
_____   _____
_____   _____
_____   _____
_____   _____
_____   _____
_____   _____
_____   _____
_____   _____

Cannabis Strain: _____ Amount:_____

Notes:_____
_____
_____

Recipe Name_____

Servings:_____ Prep Time:_____ Cook Time:_____

Ingredients: Directions:

_____   _____
_____   _____
_____   _____
_____   _____
_____   _____
_____   _____
_____   _____
_____   _____
_____   _____
_____   _____
_____   _____
_____   _____
_____   _____
_____   _____
_____   _____
_____   _____
_____   _____
_____   _____
_____   _____
_____   _____
_____   _____
_____   _____

Cannabis Strain: _____ Amount:_____

Notes:_____

Recipe Name_____

Servings:_____ Prep Time:_____ Cook Time:_____

Ingredients: Directions:

_____   _____
_____   _____
_____   _____
_____   _____
_____   _____
_____   _____
_____   _____
_____   _____
_____   _____
_____   _____
_____   _____
_____   _____
_____   _____
_____   _____
_____   _____
_____   _____
_____   _____
_____   _____
_____   _____
_____   _____
_____   _____
_____   _____
_____   _____

Cannabis Strain: _____ Amount:_____

Notes:_____
_____
_____

Recipe Name_____

Servings:_____ Prep Time:_____ Cook Time:_____

Ingredients:

_____
_____
_____
_____
_____
_____
_____
_____
_____
_____
_____
_____
_____
_____
_____
_____
_____
_____
_____
_____

Directions:

_____
_____
_____
_____
_____
_____
_____
_____
_____
_____
_____
_____
_____
_____
_____
_____
_____
_____
_____
_____

Cannabis Strain: _____ Amount:_____

Notes:_____

59

Recipe Name_____

Servings:_____ Prep Time:_____ Cook Time:_____

Ingredients: Directions:

_____   _____
_____   _____
_____   _____
_____   _____
_____   _____
_____   _____
_____   _____
_____   _____
_____   _____
_____   _____
_____   _____
_____   _____
_____   _____
_____   _____
_____   _____
_____   _____
_____   _____
_____   _____
_____   _____
_____   _____
_____   _____
_____   _____
_____   _____
_____   _____

Cannabis Strain: _____ Amount:_____

Notes:_____
_____
_____ | 60

Recipe Name_____

Servings:_____ Prep Time:_____ Cook Time:_____

Ingredients: Directions:

_____   _____
_____   _____
_____   _____
_____   _____
_____   _____
_____   _____
_____   _____
_____   _____
_____   _____
_____   _____
_____   _____
_____   _____
_____   _____
_____   _____
_____   _____
_____   _____
_____   _____
_____   _____
_____   _____

Cannabis Strain: _____ Amount:_____

Notes:_____
_____
_____

Recipe Name_____

Servings:_____ Prep Time:_____ Cook Time:_____

Ingredients: Directions:

_____   _____
_____   _____
_____   _____
_____   _____
_____   _____
_____   _____
_____   _____
_____   _____
_____   _____
_____   _____
_____   _____
_____   _____
_____   _____
_____   _____
_____   _____
_____   _____
_____   _____
_____   _____
_____   _____
_____   _____
_____   _____
_____   _____
_____   _____

Cannabis Strain: _____ Amount:_____

Notes:_____
_____
_____

Recipe Name_____

Servings:_____ Prep Time:_____ Cook Time:_____

Ingredients: Directions:

_____   _____
_____   _____
_____   _____
_____   _____
_____   _____
_____   _____
_____   _____
_____   _____
_____   _____
_____   _____
_____   _____
_____   _____
_____   _____
_____   _____
_____   _____
_____   _____
_____   _____
_____   _____
_____   _____
_____   _____

Cannabis Strain: _____ Amount:_____

Notes:_____

Recipe Name_____

Servings:_____ Prep Time:_____ Cook Time:_____

Ingredients: Directions:

_____   _____
_____   _____
_____   _____
_____   _____
_____   _____
_____   _____
_____   _____
_____   _____
_____   _____
_____   _____
_____   _____
_____   _____
_____   _____
_____   _____
_____   _____
_____   _____
_____   _____
_____   _____
_____   _____
_____   _____
_____   _____
_____   _____
_____   _____
_____   _____

Cannabis Strain: _____ Amount:_____

Notes:_____
_____
_____

64

Recipe Name_____

Servings:_____ Prep Time:_____ Cook Time:_____

Ingredients: Directions:

_____   _____
_____   _____
_____   _____
_____   _____
_____   _____
_____   _____
_____   _____
_____   _____
_____   _____
_____   _____
_____   _____
_____   _____
_____   _____
_____   _____
_____   _____
_____   _____
_____   _____
_____   _____
_____   _____
_____   _____
_____   _____
_____   _____

Cannabis Strain: _____ Amount:_____

Notes:_____
_____
65 _____

Recipe Name_____

Servings:_____ Prep Time:_____ Cook Time:_____

Ingredients: Directions:

_____   _____
_____   _____
_____   _____
_____   _____
_____   _____
_____   _____
_____   _____
_____   _____
_____   _____
_____   _____
_____   _____
_____   _____
_____   _____
_____   _____
_____   _____
_____   _____
_____   _____
_____   _____
_____   _____
_____   _____

Cannabis Strain: _____ Amount:_____

Notes:_____
_____
_____

Recipe Name_____

Servings:_____ Prep Time:_____ Cook Time:_____

Ingredients: Directions:

_____   _____
_____   _____
_____   _____
_____   _____
_____   _____
_____   _____
_____   _____
_____   _____
_____   _____
_____   _____
_____   _____
_____   _____
_____   _____
_____   _____
_____   _____
_____   _____
_____   _____
_____   _____
_____   _____
_____   _____
_____   _____
_____   _____

Cannabis Strain: _____ Amount:_____

Notes:_____

Recipe Name_____

Servings:_____ Prep Time:_____ Cook Time:_____

Ingredients:

Directions:

_____   _____
_____   _____
_____   _____
_____   _____
_____   _____
_____   _____
_____   _____
_____   _____
_____   _____
_____   _____
_____   _____
_____   _____
_____   _____
_____   _____
_____   _____
_____   _____
_____   _____
_____   _____
_____   _____
_____   _____
_____   _____
_____   _____
_____   _____

Cannabis Strain: _____ Amount:_____

Notes:_____
_____
_____

Recipe Name_____

Servings:_____ Prep Time:_____ Cook Time:_____

Ingredients:

_____
_____
_____
_____
_____
_____
_____
_____
_____
_____
_____
_____
_____
_____
_____
_____
_____
_____
_____
_____
_____
_____

Directions:

_____
_____
_____
_____
_____
_____
_____
_____
_____
_____
_____
_____
_____
_____
_____
_____
_____
_____
_____
_____
_____

Cannabis Strain: _____ Amount:_____

Notes:_____

_____
_____

Recipe Name_____

Servings:_____ Prep Time:_____ Cook Time:_____

Ingredients: Directions:

_____   _____
_____   _____
_____   _____
_____   _____
_____   _____
_____   _____
_____   _____
_____   _____
_____   _____
_____   _____
_____   _____
_____   _____
_____   _____
_____   _____
_____   _____
_____   _____
_____   _____
_____   _____
_____   _____
_____   _____
_____   _____
_____   _____
_____   _____
_____   _____
_____   _____

Cannabis Strain: _____ Amount:_____

Notes:_____
_____
_____

70

Recipe Name_____

Servings:_____ Prep Time:_____ Cook Time:_____

Ingredients: Directions:

_____   _____
_____   _____
_____   _____
_____   _____
_____   _____
_____   _____
_____   _____
_____   _____
_____   _____
_____   _____
_____   _____
_____   _____
_____   _____
_____   _____
_____   _____
_____   _____
_____   _____
_____   _____
_____   _____

Cannabis Strain: _____ Amount:_____

Notes:_____
_____

71
_____

Recipe Name_____

Servings:_____ Prep Time:_____ Cook Time:_____

Ingredients: Directions:

_____   _____
_____   _____
_____   _____
_____   _____
_____   _____
_____   _____
_____   _____
_____   _____
_____   _____
_____   _____
_____   _____
_____   _____
_____   _____
_____   _____
_____   _____
_____   _____
_____   _____
_____   _____
_____   _____
_____   _____
_____   _____
_____   _____
_____   _____

Cannabis Strain: _____ Amount:_____

Notes:_____
_____
_____

72

Recipe Name_____

Servings:_____ Prep Time:_____ Cook Time:_____

Ingredients: Directions:

_____   _____
_____   _____
_____   _____
_____   _____
_____   _____
_____   _____
_____   _____
_____   _____
_____   _____
_____   _____
_____   _____
_____   _____
_____   _____
_____   _____
_____   _____
_____   _____
_____   _____
_____   _____
_____   _____
_____   _____
_____   _____
_____   _____
_____   _____

Cannabis Strain: _____ Amount:_____

Notes:_____

73 _____
    _____

Recipe Name_____

Servings:_____ Prep Time:_____ Cook Time:_____

Ingredients: Directions:

_____   _____
_____   _____
_____   _____
_____   _____
_____   _____
_____   _____
_____   _____
_____   _____
_____   _____
_____   _____
_____   _____
_____   _____
_____   _____
_____   _____
_____   _____
_____   _____
_____   _____
_____   _____
_____   _____
_____   _____
_____   _____
_____   _____

Cannabis Strain: _____ Amount:_____

Notes:_____
_____
_____| 74

Recipe Name_____

Servings:_____ Prep Time:_____ Cook Time:_____

Ingredients:

_____

Directions:

Cannabis Strain: _____ Amount:_____

Notes:_____

75

Recipe Name_____

Servings:_____ Prep Time:_____ Cook Time:_____

Ingredients: Directions:

_____   _____
_____   _____
_____   _____
_____   _____
_____   _____
_____   _____
_____   _____
_____   _____
_____   _____
_____   _____
_____   _____
_____   _____
_____   _____
_____   _____
_____   _____
_____   _____
_____   _____
_____   _____
_____   _____
_____   _____
_____   _____
_____   _____
_____   _____
_____   _____

Cannabis Strain: _____ Amount:_____

Notes:_____
_____
_____

76

Recipe Name_____

Servings:_____ Prep Time:_____ Cook Time:_____

Ingredients: Directions:

_____   _____
_____   _____
_____   _____
_____   _____
_____   _____
_____   _____
_____   _____
_____   _____
_____   _____
_____   _____
_____   _____
_____   _____
_____   _____
_____   _____
_____   _____
_____   _____
_____   _____
_____   _____
_____   _____
_____   _____
_____   _____
_____   _____
_____   _____

Cannabis Strain: _____ Amount:_____

Notes:_____

_____
_____

Recipe Name_____

Servings:_____ Prep Time:_____ Cook Time:_____

Ingredients: Directions:

_____   _____
_____   _____
_____   _____
_____   _____
_____   _____
_____   _____
_____   _____
_____   _____
_____   _____
_____   _____
_____   _____
_____   _____
_____   _____
_____   _____
_____   _____
_____   _____
_____   _____
_____   _____
_____   _____
_____   _____
_____   _____
_____   _____
_____   _____
_____   _____

Cannabis Strain: _____ Amount:_____

Notes:_____
_____
_____

78

Recipe Name_____

Servings:_____ Prep Time:_____ Cook Time:_____

Ingredients: Directions:

_____   _____
_____   _____
_____   _____
_____   _____
_____   _____
_____   _____
_____   _____
_____   _____
_____   _____
_____   _____
_____   _____
_____   _____
_____   _____
_____   _____
_____   _____
_____   _____
_____   _____
_____   _____
_____   _____
_____   _____

Cannabis Strain: _____ Amount:_____

Notes:_____
_____
_____

Recipe Name_____

Servings:_____ Prep Time:_____ Cook Time:_____

Ingredients: Directions:

_____   _____
_____   _____
_____   _____
_____   _____
_____   _____
_____   _____
_____   _____
_____   _____
_____   _____
_____   _____
_____   _____
_____   _____
_____   _____
_____   _____
_____   _____
_____   _____
_____   _____
_____   _____
_____   _____
_____   _____
_____   _____
_____   _____

Cannabis Strain: _____ Amount:_____

Notes:_____
_____
_____| 80 |

Recipe Name_____

Servings:_____ Prep Time:_____ Cook Time:_____

Ingredients: Directions:

_____   _____
_____   _____
_____   _____
_____   _____
_____   _____
_____   _____
_____   _____
_____   _____
_____   _____
_____   _____
_____   _____
_____   _____
_____   _____
_____   _____
_____   _____
_____   _____
_____   _____
_____   _____
_____   _____
_____   _____

Cannabis Strain: _____ Amount:_____

Notes:_____
_____
81 _____

Recipe Name_____

Servings:_____ Prep Time:_____ Cook Time:_____

Ingredients: Directions:

_____   _____
_____   _____
_____   _____
_____   _____
_____   _____
_____   _____
_____   _____
_____   _____
_____   _____
_____   _____
_____   _____
_____   _____
_____   _____
_____   _____
_____   _____
_____   _____
_____   _____
_____   _____
_____   _____
_____   _____
_____   _____

Cannabis Strain: _____ Amount:_____

Notes:_____
_____
_____

Recipe Name_____

Servings:_____ Prep Time:_____ Cook Time:_____

Ingredients: Directions:

_____   _____
_____   _____
_____   _____
_____   _____
_____   _____
_____   _____
_____   _____
_____   _____
_____   _____
_____   _____
_____   _____
_____   _____
_____   _____
_____   _____
_____   _____
_____   _____
_____   _____
_____   _____
_____   _____
_____   _____
_____   _____

Cannabis Strain: _____ Amount:_____

Notes:_____
_____
83 |_____

Recipe Name_____

Servings:_____ Prep Time:_____ Cook Time:_____

Ingredients: Directions:

_____   _____
_____   _____
_____   _____
_____   _____
_____   _____
_____   _____
_____   _____
_____   _____
_____   _____
_____   _____
_____   _____
_____   _____
_____   _____
_____   _____
_____   _____
_____   _____
_____   _____
_____   _____
_____   _____
_____   _____
_____   _____
_____   _____
_____   _____
                                _____

Cannabis Strain: _____ Amount:_____

Notes:_____
_____
_____

Recipe Name_____

Servings:_____ Prep Time:_____ Cook Time:_____

Ingredients: Directions:

_____   _____
_____   _____
_____   _____
_____   _____
_____   _____
_____   _____
_____   _____
_____   _____
_____   _____
_____   _____
_____   _____
_____   _____
_____   _____
_____   _____
_____   _____
_____   _____
_____   _____
_____   _____
_____   _____
_____   _____
_____   _____

Cannabis Strain: _____ Amount:_____

Notes:_____

85

Recipe Name_____

Servings:_____ Prep Time:_____ Cook Time:_____

Ingredients: Directions:

_____   _____
_____   _____
_____   _____
_____   _____
_____   _____
_____   _____
_____   _____
_____   _____
_____   _____
_____   _____
_____   _____
_____   _____
_____   _____
_____   _____
_____   _____
_____   _____
_____   _____
_____   _____
_____   _____
_____   _____
_____   _____
_____   _____
_____   _____
_____   _____
_____   _____

Cannabis Strain: _____ Amount:_____

Notes:_____
_____
_____

86

Recipe Name_____

Servings:_____ Prep Time:_____ Cook Time:_____

Ingredients: Directions:

_____   _____
_____   _____
_____   _____
_____   _____
_____   _____
_____   _____
_____   _____
_____   _____
_____   _____
_____   _____
_____   _____
_____   _____
_____   _____
_____   _____
_____   _____
_____   _____
_____   _____
_____   _____
_____   _____
_____   _____
_____   _____

Cannabis Strain: _____ Amount:_____

Notes:_____
_____

87

Recipe Name_____

Servings:_____ Prep Time:_____ Cook Time:_____

Ingredients: Directions:

_____   _____
_____   _____
_____   _____
_____   _____
_____   _____
_____   _____
_____   _____
_____   _____
_____   _____
_____   _____
_____   _____
_____   _____
_____   _____
_____   _____
_____   _____
_____   _____
_____   _____
_____   _____
_____   _____
_____   _____
_____   _____
_____   _____

Cannabis Strain: _____ Amount:_____

Notes:_____
_____
_____

Recipe Name_____

Servings:_____ Prep Time:_____ Cook Time:_____

Ingredients: Directions:

_____   _____
_____   _____
_____   _____
_____   _____
_____   _____
_____   _____
_____   _____
_____   _____
_____   _____
_____   _____
_____   _____
_____   _____
_____   _____
_____   _____
_____   _____
_____   _____
_____   _____
_____   _____
_____   _____
_____   _____
_____   _____
_____   _____
_____   _____

Cannabis Strain: _____ Amount:_____

Notes:_____
_____
89 _____

Recipe Name_____

Servings:_____ Prep Time:_____ Cook Time:_____

Ingredients: Directions:

_____   _____
_____   _____
_____   _____
_____   _____
_____   _____
_____   _____
_____   _____
_____   _____
_____   _____
_____   _____
_____   _____
_____   _____
_____   _____
_____   _____
_____   _____
_____   _____
_____   _____
_____   _____
_____   _____
_____   _____
_____   _____
_____   _____
_____   _____

Cannabis Strain: _____ Amount:_____

Notes:_____
_____
_____

90

Recipe Name_____

Servings:_____ Prep Time:_____ Cook Time:_____

Ingredients: Directions:

_____   _____
_____   _____
_____   _____
_____   _____
_____   _____
_____   _____
_____   _____
_____   _____
_____   _____
_____   _____
_____   _____
_____   _____
_____   _____
_____   _____
_____   _____
_____   _____
_____   _____
_____   _____
_____   _____
_____   _____
_____   _____

Cannabis Strain: _____ Amount:_____

Notes:_____

Recipe Name_____

Servings:_____ Prep Time:_____ Cook Time:_____

Ingredients: Directions:

_____   _____
_____   _____
_____   _____
_____   _____
_____   _____
_____   _____
_____   _____
_____   _____
_____   _____
_____   _____
_____   _____
_____   _____
_____   _____
_____   _____
_____   _____
_____   _____
_____   _____
_____   _____
_____   _____
_____   _____
_____   _____
_____   _____
_____   _____

Cannabis Strain: _____ Amount:_____

Notes:_____
_____
_____

Recipe Name_____

Servings:_____ Prep Time:_____ Cook Time:_____

Ingredients: Directions:

_____   _____
_____   _____
_____   _____
_____   _____
_____   _____
_____   _____
_____   _____
_____   _____
_____   _____
_____   _____
_____   _____
_____   _____
_____   _____
_____   _____
_____   _____
_____   _____
_____   _____
_____   _____
_____   _____
_____   _____

Cannabis Strain: _____ Amount:_____

Notes:_____
_____
93 _____

Recipe Name_____

Servings:_____ Prep Time:_____ Cook Time:_____

Ingredients: Directions:

_____   _____
_____   _____
_____   _____
_____   _____
_____   _____
_____   _____
_____   _____
_____   _____
_____   _____
_____   _____
_____   _____
_____   _____
_____   _____
_____   _____
_____   _____
_____   _____
_____   _____
_____   _____
_____   _____
_____   _____
_____   _____
_____   _____
_____   _____
_____   _____

Cannabis Strain: _____ Amount:_____

Notes:_____
_____
_____| 94

Recipe Name_____

Servings:_____ Prep Time:_____ Cook Time:_____

Ingredients:

_____
_____
_____
_____
_____
_____
_____

Directions:

Cannabis Strain: _____ Amount:_____

Notes:_____

95

Recipe Name_____

Servings:_____ Prep Time:_____ Cook Time:_____

Ingredients: Directions:

_____   _____
_____   _____
_____   _____
_____   _____
_____   _____
_____   _____
_____   _____
_____   _____
_____   _____
_____   _____
_____   _____
_____   _____
_____   _____
_____   _____
_____   _____
_____   _____
_____   _____
_____   _____
_____   _____
_____   _____
_____   _____
_____   _____

Cannabis Strain: _____ Amount:_____

Notes:_____
_____
_____

Recipe Name_____

Servings:_____ Prep Time:_____ Cook Time:_____

Ingredients: Directions:

_____   _____
_____   _____
_____   _____
_____   _____
_____   _____
_____   _____
_____   _____
_____   _____
_____   _____
_____   _____
_____   _____
_____   _____
_____   _____
_____   _____
_____   _____
_____   _____
_____   _____
_____   _____
_____   _____
_____   _____
_____   _____

Cannabis Strain: _____ Amount:_____

Notes:_____
_____
97 _____

Recipe Name_____

Servings:_____ Prep Time:_____ Cook Time:_____

Ingredients: Directions:

_____   _____
_____   _____
_____   _____
_____   _____
_____   _____
_____   _____
_____   _____
_____   _____
_____   _____
_____   _____
_____   _____
_____   _____
_____   _____
_____   _____
_____   _____
_____   _____
_____   _____
_____   _____
_____   _____
_____   _____
_____   _____
_____   _____

Cannabis Strain: _____ Amount:_____

Notes:_____
_____
_____

Recipe Name_____

Servings:_____ Prep Time:_____ Cook Time:_____

Ingredients:

_____
_____
_____
_____
_____
_____
_____
_____
_____
_____
_____
_____
_____
_____
_____
_____
_____
_____
_____
_____

Directions:

_____
_____
_____
_____
_____
_____
_____
_____
_____
_____
_____
_____
_____
_____
_____
_____
_____
_____
_____
_____
_____

Cannabis Strain: _____ Amount:_____

Notes:_____

Recipe Name_____

Servings:_____ Prep Time:_____ Cook Time:_____

Ingredients: Directions:

_____   _____
_____   _____
_____   _____
_____   _____
_____   _____
_____   _____
_____   _____
_____   _____
_____   _____
_____   _____
_____   _____
_____   _____
_____   _____
_____   _____
_____   _____
_____   _____
_____   _____
_____   _____
_____   _____
_____   _____
_____   _____
_____   _____
_____   _____

Cannabis Strain: _____ Amount:_____

Notes:_____
_____
_____ 100

Recipe Name_____

Servings:_____ Prep Time:_____ Cook Time:_____

Ingredients: Directions:

_____   _____
_____   _____
_____   _____
_____   _____
_____   _____
_____   _____
_____   _____
_____   _____
_____   _____
_____   _____
_____   _____
_____   _____
_____   _____
_____   _____
_____   _____
_____   _____
_____   _____
_____   _____
_____   _____
_____   _____
_____   _____

Cannabis Strain: _____ Amount:_____

Notes:_____
_____
101 |_____

Recipe Name_____

Servings:_____ Prep Time:_____ Cook Time:_____

Ingredients: Directions:

_____   _____
_____   _____
_____   _____
_____   _____
_____   _____
_____   _____
_____   _____
_____   _____
_____   _____
_____   _____
_____   _____
_____   _____
_____   _____
_____   _____
_____   _____
_____   _____
_____   _____
_____   _____
_____   _____
_____   _____
_____   _____
_____   _____

Cannabis Strain: _____ Amount:_____

Notes:_____
_____
_____

Recipe Name_____

Servings:_____ Prep Time:_____ Cook Time:_____

Ingredients:

_____
_____
_____
_____
_____
_____
_____
_____
_____
_____
_____
_____
_____
_____
_____
_____
_____
_____
_____

Directions:

_____
_____
_____
_____
_____
_____
_____
_____
_____
_____
_____
_____
_____
_____
_____
_____
_____
_____

Cannabis Strain: _____ Amount:_____

Notes:_____

Recipe Name_____

Servings:_____ Prep Time:_____ Cook Time:_____

Ingredients: Directions:

_____   _____
_____   _____
_____   _____
_____   _____
_____   _____
_____   _____
_____   _____
_____   _____
_____   _____
_____   _____
_____   _____
_____   _____
_____   _____
_____   _____
_____   _____
_____   _____
_____   _____
_____   _____
_____   _____
_____   _____
_____   _____
_____   _____

Cannabis Strain: _____ Amount:_____

Notes:_____
_____
_____

Recipe Name_____

Servings:_____ Prep Time:_____ Cook Time:_____

Ingredients: Directions:

_____   _____
_____   _____
_____   _____
_____   _____
_____   _____
_____   _____
_____   _____
_____   _____
_____   _____
_____   _____
_____   _____
_____   _____
_____   _____
_____   _____
_____   _____
_____   _____
_____   _____
_____   _____
_____   _____
_____   _____
_____   _____

Cannabis Strain: _____ Amount:_____

Notes:_____
_____
105 _____

Recipe Name_____

Servings:_____ Prep Time:_____ Cook Time:_____

Ingredients: Directions:

_____   _____
_____   _____
_____   _____
_____   _____
_____   _____
_____   _____
_____   _____
_____   _____
_____   _____
_____   _____
_____   _____
_____   _____
_____   _____
_____   _____
_____   _____
_____   _____
_____   _____
_____   _____
_____   _____
_____   _____
_____   _____
_____   _____

Cannabis Strain: _____ Amount:_____

Notes:_____
_____
_____| 106

Recipe Name_____

Servings:_____ Prep Time:_____ Cook Time:_____

Ingredients:

_____
_____
_____
_____
_____
_____
_____
_____
_____
_____

Directions:

_____
_____
_____
_____
_____
_____
_____
_____

Cannabis Strain: _____ Amount:_____

Notes:_____

Made in the USA
Las Vegas, NV
07 January 2022